四字小學

사자소학 따라쓰기

손으로 쓰면서 마음에 새기는 인생 교과서
四字小學 사자소학 따라쓰기

2쇄 발행   2020년 5월 25일

지은이   시사정보연구원
발행인   권윤삼
발행처   도서출판 산수야

등록번호   제1-1515호
주소   서울시 마포구 월드컵로 165-4
우편번호   03962
전화   02-332-9655
팩스   02-335-0674

ISBN 978-89-8097-402-3   13190

값은 뒤표지에 있습니다. 잘못된 책은 바꾸어 드립니다.

이 책의 모든 법적 권리는 도서출판 산수야에 있습니다.
저작권법에 의해 보호받는 저작물이므로
본사의 허락 없이 무단 전재, 복제, 전자출판 등을 금합니다.

손으로 쓰면서 마음에 새기는 인생 교과서

四字小學

사자소학 따라쓰기

시사정보연구원 지음

시사패스
SISAPASS.COM

★ 머리말

올바른 마음가짐과 행동 철학을 가르치는
인성교육 지침서, 『사자소학』

　첨단 문명시대를 살아가는 우리에게 필요한 것들에는 무엇이 있을까? 어떤 것들이 우리를 채우고, 또 만족시킬 수 있을까? 나날이 새로운 물질문명이 태어나지만 우리는 행복이라는 개념에서 멀어져만 간다는 감정을 감출 수 없다. 최근 들어 인문학 열풍이 거센 것도 바로 이러한 물음에 해답을 찾기 위한 하나의 길이 아닐까 한다.

　시대와 종교와 이념을 넘어 동양 고전을 집대성한 효행 인성교육 교재인 사자소학은 예로부터 대표적인 인성교육 교재로 자리매김하여 왔다. "사람의 성품, 마음의 바탕이나 사람의 됨됨이"를 일컫는 인성은 사람끼리 어울림을 통해서 만들어지는 것이다. 자기 자신 이외의 사람을 인정하고 더불어 조화를 이루는 것이 바로 인성이 형성되는 과정인 것이다.

　미래의 인재를 양육하는 교육현장에서 강조하는 것으로 예절, 효행, 정직, 책임, 존중, 배려, 소통, 협동심을 들 수 있다. 이를 인성이라 일컫는데 인성교육의 바른 길을 안내해 주는 지침서로 사자소학이 거론되는 것은, 천자문을 익히기 전에 한자와 일상생활의 예의범절을 가르치기 위해 만든 책이기 때문이다.

　사자소학은 올바른 마음가짐과 기본적인 행동 철학이 담겨져 있는 종합적인 도덕교육과 인성교육의 보고로 부모님께 효도하는 법과 친구를 잘 사귀고 올바르게 관계를 맺는 법 등을 담고 있다. 따라서 예의 바르고 반듯한 사람으로 성장할 수 있도록 도움을 줄 뿐만 아니라 심성이 곱고 맑은 사람으로 이끌기에도 충

분하다. 특히 쉬운 한자 네 글자로 구성된 사자소학은 운율이 살아 있기 때문에 지루하지 않고, 실생활에 바로 적용할 수 있기 때문에 반복해서 읽으면서 마음에 새긴다면 선현들의 깊은 지혜를 온전히 내 것으로 만들 수 있다.

　이 책은 사자소학의 주옥같은 명언들을 손으로 쓰면서 마음에 새길 수 있도록 따라 쓰기 교재로 만들었기 때문에 쓰면서 외우고, 악필도 교정하는 효과를 얻을 수 있다. 손은 우리의 뇌와 밀접하게 연결되어 있다. 손으로 글씨를 쓰면 뇌를 자극하여 뇌 발달과 뇌 건강에 도움을 준다는 연구결과가 증명하듯 손글씨는 어린이와 어른을 아울러 주목받고 있는 분야이기도 하다. 글씨는 자신을 드러내는 거울이며 향기라고 성현들이 말했듯이 정성을 다하여 자신만의 필체를 갖도록 노력한다면 일석이조의 효과를 얻을 수 있다.

　따라 쓰기는 학습 효율을 높이는 방법으로 각광받고 있다. 이 책은 학습 효율을 높이는 데 적합하도록 다양한 요소들을 배치하였다. 먼저 한자 원문을 읽은 후 한글 풀이를 학습하고, 한글 내용을 보면서 원문도 기억하며 학습한다. 이렇게 실천한 후 따라 쓰기를 하도록 만들어 놓은 칸을 활용하여 원문과 한글을 손으로 쓰면서 익힌다면 사자소학이 담고 있는 뜻을 수월하게 내 것으로 만들 수 있을 것이다.

★ 한자의 형성 원리

1. 상형문자(象形文字) : 사물의 모양과 형태를 본뜬 글자

☼ → ⊙ → 日 → 日   날 일(해의 모양)

⊅ → 月 → 月 → 月   달 월(달의 모양)

𤓰 → 孚 → 孚 → 子   아들 자(아들의 모양)

👁 → ⊘ → 目 → 目   눈 목(눈의 모양)

2. 지사문자(指事文字) : 사물의 모양으로 나타낼 수 없는 뜻을 점이나 선 또는 부호로 나타낸 글자

‥ → ⊥ → 上 → 上   위 상(위를 뜻함)

中 → 中 → 中 → 中   가운데 중(가운데를 뜻함)

⸱⸱ → 丁 → 下 → 下   아래 하(아래를 뜻함)

木 → 木 → 本 → 本   근본 본(뿌리를 뜻함)

3. **회의문자**(會意文字) : 이미 만들어진 글자를 2개 이상 합한 글자
   人(사람 인) + 言(말씀 언) = 信(믿을 신) : 사람의 말은 믿는다.
   田(밭 전) + 力(힘 력) = 男(사내 남) : 밭에서 힘써 일하는 사람.
   日(날 일) + 月(달 월) = 明(밝을 명) : 해와 달이 밝다.
   人(사람 인) + 木(나무 목) = 休(쉴 휴) : 사람이 나무 아래서 쉬다.

4. **형성문자**(形聲文字) : 뜻을 나타내는 부분과 음을 나타내는 부분을 합한 글자
   口(큰입 구) + 未(아닐 미) = 味(맛볼 미)　　左意右音 좌의우음
   工(장인 공) + 力(힘 력) = 功(공 공)　　　　右意左音 우의좌음
   田(밭 전) + 介(끼일 개) = 界(지경 계)　　　上意下音 상의하음
   相(서로 상) + 心(마음 심) = 想(생각 상)　　下意上音 하의상음
   口(큰입 구) + 古(옛 고) = 固(굳을 고)　　　外意內音 외의내음
   門(문 문) + 口(입 구) = 問(물을 문)　　　　內意外音 내의외음

5. **전주문자**(轉注文字) : 있는 글자에 그 소리와 뜻을 다르게 굴리고(轉)
   　　　　　　　　　　끌어내어(注) 만든 글자
   樂(풍류 악) → (즐길 락·좋아할 요)　　예) 音樂(음악), 娛樂(오락)
   惡(악할 악) → (미워할 오)　　　　　　예) 善惡(선악), 憎惡(증오)
   長(긴 장) → (어른·우두머리 장)　　　예) 長短(장단), 課長(과장)

6. **가차문자**(假借文字) : 본 뜻과 관계없이 음만 빌어 쓰는 글자를 말하며
   　　　　　　　　　　한자의 조사, 동물의 울음소리,
   　　　　　　　　　　외래어를 한자로 표기할 때 쓰인다.
   東天紅(동천홍) → 닭의 울음소리
   然(그럴 연) → 그러나(한자의 조사)
   亞米利加(아미리가) → America(아메리카)
   可口可樂(가구가락) → Cocacola(코카콜라)
   弗(불) → $(달러, 글자 모양이 유사함)
   伊太利(이태리) → Italy(이탈리아)
   亞細亞(아세아) → Asia(아세아)

★ 한자 쓰기의 기본 원칙

1. 위에서 아래로 쓴다.
   言(말씀 언) → 一 二 三 言 言 言 言
   雲(구름 운) → 一 厂 戶 币 雨 雨 雫 雲 雲 雲 雲

2. 왼쪽에서 오른쪽으로 쓴다.
   江(강 강) → 丶 冫 氵 汀 江 江
   例(법식 예) → 丿 亻 亻 伢 伢 伢 例 例

3. 가로획과 세로획이 겹칠 때는 가로획을 먼저 쓴다.
   用(쓸 용) → 丿 冂 月 月 用
   共(함께 공) → 一 十 艹 芇 共 共

4. 삐침과 파임이 만날 때는 삐침을 먼저 쓴다.
   人(사람 인) → 丿 人
   文(글월 문) → 丶 一 ナ 文

5. 좌우가 대칭될 때에는 가운데를 먼저 쓴다.
   小(작을 소) → 亅 小 小
   承(받들 승) → 了 了 孑 孑 承 承 承

6. 둘러 싼 모양으로 된 자는 바깥쪽을 먼저 쓴다.
   同(같을 동) → 丨 冂 冂 同 同 同
   病(병날 병) → 丶 一 广 广 疒 疒 疒 病 病 病

7. 글자를 가로지르는 가로획은 나중에 긋는다.
   女(계집 녀) → 乚 女 女
   母(어미 모) → 乚 口 口 卬 母

8. 글자 전체를 꿰뚫는 세로획은 나중에 쓴다.
   車(수레 거) → 一 厂 日 日 亘 車
   事(일 사) → 一 厂 日 日 亖 亖 事 事

9. 책받침(辶,廴)은 나중에 쓴다

　近(원근 근) → ´ ⼁ ⼁ 斤 沂 近 近

　建(세울 건) → ㄱ ㅋ ㅋ ㅋ ㅋ 聿 律 建 建

10. 오른쪽 위에 점이 있는 글자는 그 점을 나중에 찍는다.

　犬(개 견) → 一 ナ 大 犬

　成(이룰 성) → 丿 厂 厂 厈 成 成 成

■ 한자의 기본 점(點)과 획(劃)
　(1) 점
　　① 「丶」: 왼점　　　　② 「丶」: 오른점
　　③ 「ㆍ」: 오른 치킴　④ 「ㆍ」: 오른점 삐침
　(2) 직선
　　⑤ 「一」: 가로긋기　⑥ 「丨」: 내리긋기
　　⑦ 「→」: 평갈고리　⑧ 「丨」: 왼 갈고리
　　⑨ 「ㄴ」: 오른 갈고리
　(3) 곡선
　　⑩ 「丿」: 삐침　　　⑪ 「ㆍ」: 치킴
　　⑫ 「ㆍ」: 파임　　　⑬ 「辶」: 받침
　　⑭ 「丿」: 굽은 갈고리　⑮ 「乀」: 지게다리
　　⑯ 「乁」: 누운 지게다리　⑰ 「乚」: 새가슴

父生我身(하시고) 母鞠吾身(이로다.)
아비부 날생 나아 몸신 어미모 기를국 나오 몸신

아버지는 내 몸을 낳게 하시고 어머니는 내 몸을 기르셨다.

아버지는 내 몸을 낳게
하시고 어머니는 내 몸을
기르셨다.

腹以懷我 (하시고) 乳以哺我 (로다.)

배복 써이 품을회 나아 젖유 써이 먹을포 나아

배로써 나를 품으시고 젖으로써 나를 먹여 주셨다.

以衣溫我 (하시고) 以食飽我 (로다.)

써 이 옷 의 따뜻할 온 나 아   써 이 밥 식 배부를 포 나 아

옷으로써 나를 따뜻하게 입히시고 음식으로써 나를 배부르게 하셨다.

옷으로써 나를 따뜻하게
입히시고 음식으로써 나를
배부르게 하셨다.

恩高如天 (하시고) 德厚似地 (로다.)

은혜 **은** 높을 **고** 같을 **여** 하늘 **천**   덕 **덕** 두터울 **후** 같을 **사** 땅 **지**

은혜는 높기가 하늘과 같고 덕은 두텁기가 땅과 같구나.

爲人子者(가) 曷不爲孝(리오.)

할 위 사람 인 아들 자 놈 자   어찌 갈 아닐 불 할 위 효도 효
                              아닐 부

자식 된 자로서 어찌 효도를 하지 않겠는가?

爲	할 위	丶ノ丿尸爲爲爲
人	사람 인	ノ人
子	아들 자	丁了子
者	놈 자	一十土耂考者者者

曷	어찌 갈	丨冂曰日旦匃曷
不	아닐 불	一丆不不
爲	할 위	丶ノ丿尸爲爲爲
孝	효도 효	一十土耂孝孝

자 식 된 자 로 서 어 찌 효
도 를 하 지 않 겠 는 가 ?

欲報深恩(이나) 昊天罔極(이로다.)

하고자 할 욕 갚을 보 깊을 심 은혜 은   하늘 호 하늘 천 없을 망 다할 극

깊고 깊은 은혜를 갚고자 하나 넓은 하늘과 같아 다함이 없도다!

欲			
하고자 할 욕	ノ 八 父 父 谷 谷 谷 欲 欲 欲		

報			
갚을 보	一 十 土 去 击 击 幸 幸 报 郭 報 報		

深			
깊을 심	氵 氵 汀 浐 浐 深 深 深		

恩			
은혜 은	丨 冂 冃 冈 因 因 恩 恩		

昊			
하늘 호	丨 冂 日 旦 吴 吴 昊		

天			
하늘 천	一 二 于 天		

罔			
없을 망	丨 冂 冂 冈 冈 罔 罔		

極			
다할 극	一 十 木 朼 朼 朽 柯 柯 極 極 極		

깊고 깊은 은혜를 갚고자
하나 넓은 하늘과 같아 다
함이 없도다!

父母呼我(시면) 唯而趨進(이니라.)

아비 부 어미 모 부를 호 나 아   오직 유 말이을 이 달릴 추 나아갈 진

부모가 나를 부르시면 곧 대답하고 달려갈지니라.

父母之命(이시든) 勿逆勿怠(하라.)

아비 부 어미 모 어조사 지 목숨 명
　　　　　　　　　명령 명

말 물 거스를 역 말 물 게으를 태

부모님의 명령은 거스르지도 말고 게을리도 말라.

父				
아비 부	ノ ハ グ 父			

母				
어미 모	ㄴ 口 口 口 母			

之				
어조사 지	ㆍ 亠 之			

命				
목숨 명	人 스 스 슈 슈 命 命			

勿				
말 물	ノ 勹 勹 勿			

逆				
거스를 역	ㆍ ㆍ ㄴ ㅗ 屰 屰 逆 逆			

勿				
말 물	ノ 勹 勹 勿			

怠				
게으를 태	ㄴ 스 스 台 台 怠 怠			

부모님의 명령은 거스르지
도 말고 게을리도 말라.

17

侍坐親前 (하고) 勿踞勿臥 (하라.)

모실 시 앉을 좌 친할 친 앞 전   말 물 걸터앉을 거 말 물 누울 와

어버이 앞에 앉을 때에는 몸을 바르게 하고 걸터앉지도 눕지도 말라.

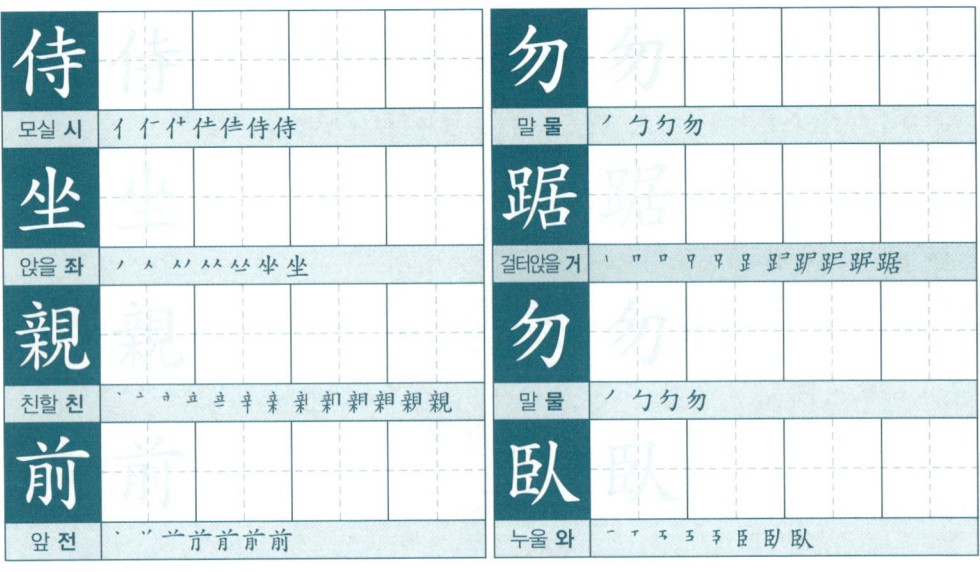

對案不食(이시어든) 思得良饌(하라.)

대할 **대** 밥상 **안** 아닐 **불** 먹을 **식**　생각할 **사** 얻을 **득** 좋을 **량** 반찬 **찬**

밥상을 대하고 잡수시지 않으시거든 좋은 음식을 장만할 것을 생각하라.

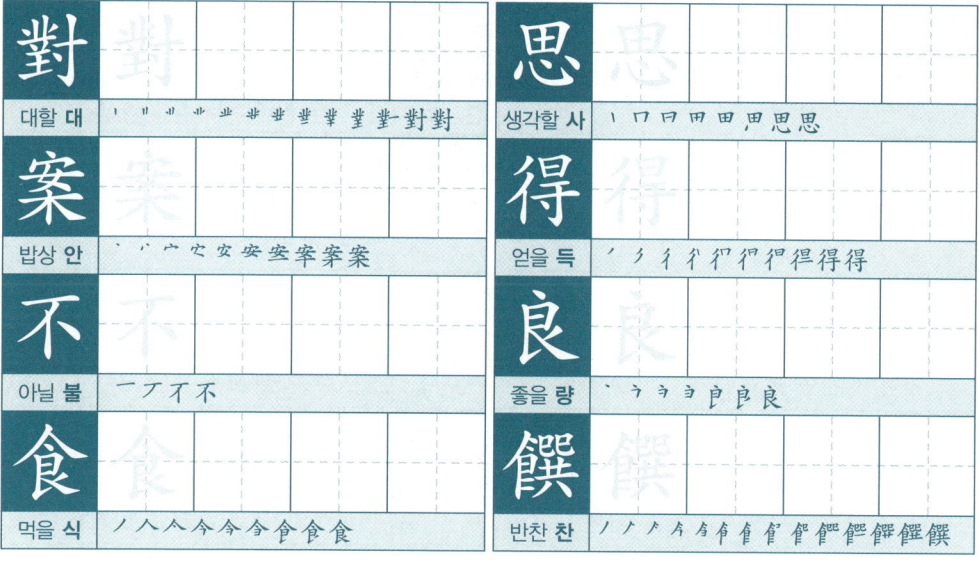

밥	상	을		대	하	고		잡	수	시	지
않	으	시	거	든		좋	은		음	식	을		장
만	할		것	을		생	각	하	라	.

父母有病(이시어든) 憂而謀療(하여라.)

아비 부 어미 모 있을 유 병 병   근심할 우 말 이을 이 꾀할 모 병 고칠 료

부모가 병환이 있으시거든 근심하여 치료할 것을 꾀하여라.

裹糧以送 (이면) 勿懶讀書 (하라.)

쌀과 양식량 써이 보낼송   말물 게으를라 읽을독 책서
      양식양

양식을 싸서 보내면 독서하기를 게을리 말라.

裹					勿				
쌀과	丶亠㐄㐄亩東重裏裏裹				말물	丿勹勹勿			
糧					懶				
양식량	丶丷㐄米米米粐粐粐糧糧糧				게으를라	丶丷忄忄忄忄懈懈懈懶懶懶			
以					讀				
써이	丨㇏㇏以以				읽을독	亠⺀言言計評詩詩讀讀讀			
送					書				
보낼송	㇒㇏丷㐅关关送送				책서	㇒㇐ヨ聿書書書書			

양	식	을		싸	서		보	내	면		독	서

하	기	를		게	을	리		말	라	.		

口勿雜談(하고) 手勿雜戲(하라)

입구 말물 섞일잡 말씀담   손수 말물 섞일잡 희롱할희

입으로는 잡담을 하지 말고 손으로는 장난을 하지 말라.

若告西遊(하고) 不復東征(하라.)
만일 **약** 알릴 **고** 서녘 **서** 놀 **유** 아닐 **불** 다시 **부** 동녘 **동** 갈 **정**

만일 서쪽에서 논다 말씀 드렸으면 동쪽으로 가지 말라.

出必告之 (이어든) 返必拜謁 (하라.)

날 출 반드시 필 알릴 고 갈 지   돌아올 반 반드시 필 절 배 아뢸 알

나갈 때는 반드시 아뢰고 돌아와서도 반드시 뵙고 아뢰어라.

立則視足(하고) 坐則視膝(하라.)

설립 곧즉 볼시 발족   앉을좌 곧즉 볼시 무릎슬
설입

서서는 반드시 부모의 발을 보고 앉아서는 반드시 부모의 무릎을 보듯 하라.

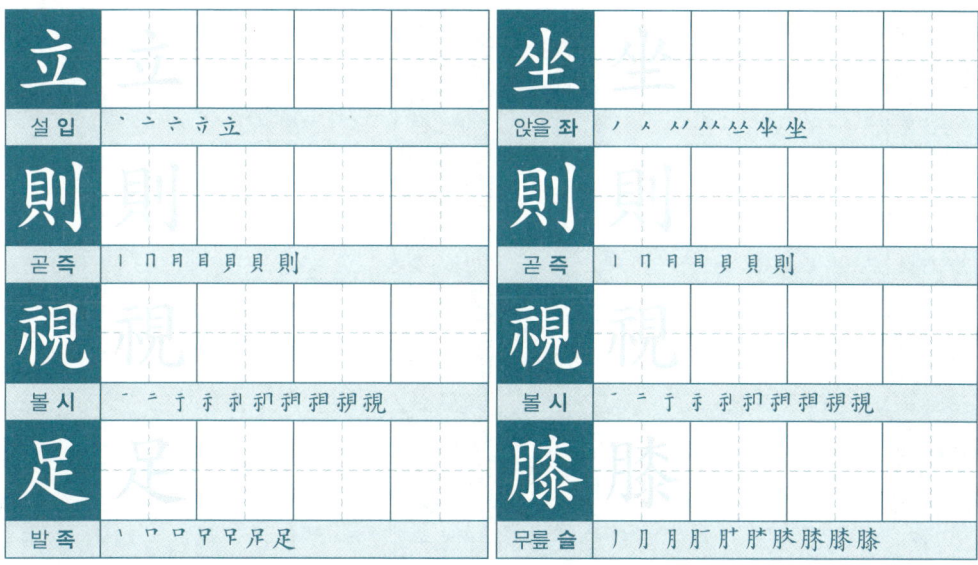

昏必定褥(하고) 晨必省候(하라.)

어두울 혼 반드시 필 정할 정 요 욕   새벽 신 반드시 필 살필 성 기후 후

저녁에는 이부자리를 살피고 새벽에는 반드시 문안을 살펴라.

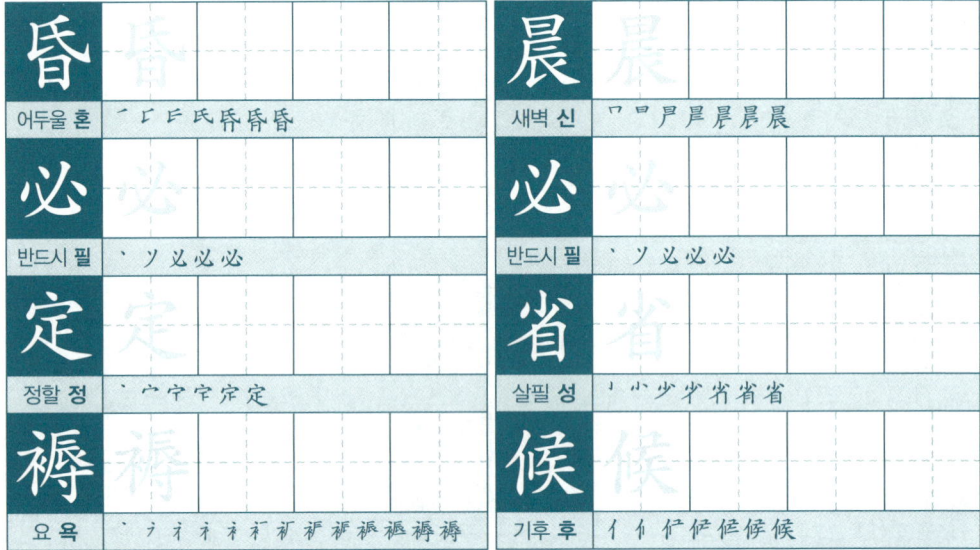

父母愛之(이시어든) 喜而勿忘(하라.)

아비 부　어미 모　사랑 애　갈 지　　기쁠 희　말 이을 이　말 물　잊을 망

부모가 나를 사랑하시거든 기뻐하여 잊지 말라.

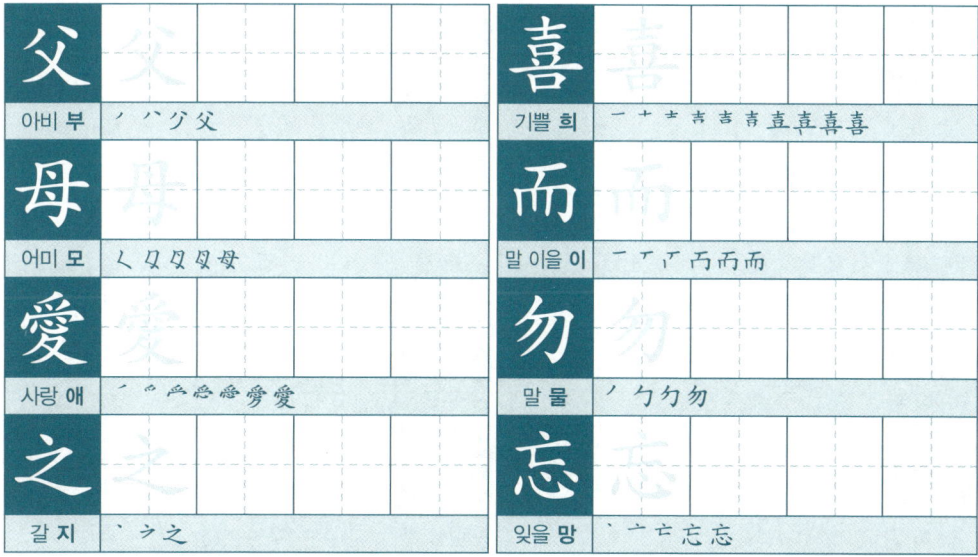

부모가 나를 사랑하시거든

기뻐하여 잊지 말라.

父母責之(어시든) 反省勿怨(하라.)

아비 부 어미 모 꾸짖을 책 갈 지   되돌릴 반 살필 성 말 물 원망할 원

부모가 나를 꾸짖으시거든 반성하고 원망하지 말라.

行勿慢步(하고) 坐勿倚身(하라.)

다닐 행 말 물 거만할 만 걸음 보   앉을 좌 말 물 의지할 의 몸 신

걸음을 거만하게 걷지 말고 앉을 때에는 몸을 기대지 말라.

行	다닐 행	ノ ク 彳 彳 行 行
勿	말 물	ノ ク 勺 勿
慢	거만할 만	ノ 忄 忄 忄 怛 怛 慢 慢
步	걸음 보	ㅣ ㅏ ㅓ 止 井 步 步

坐	앉을 좌	ノ 人 人人 사 사 坐 坐
勿	말 물	ノ ク 勺 勿
倚	의지할 의	ノ 亻 亻 仁 仟 倅 倚 倚
身	몸 신	ノ 亻 竹 甪 自 身 身

걸음을 거만하게 걷지 말고 앉을 때에는 몸을 기대지 말라.

勿立門中 (하고) 勿坐房中 (하라.)

말물 설립 문문 가운데중 말물 앉을좌 방방 가운데중

문 한가운데는 서지 말고 방 한가운데는 앉지 말라.

鷄鳴而起 (하고) 必盥必漱 (하라.)

닭 계　울 명　말 이을 이　일어날 기　　반드시 필　대야 관　반드시 필　양치질할 수

닭이 우는 새벽에 일어나서 반드시 세수하고 양치하라.

한자	훈음	필순
鷄	닭 계	′ ˊ ʳ 至 至 쫓 쫓′ 劕 鷄 鷄
鳴	울 명	丨 口 叮 吖 鳴 鳴 鳴
而	말 이을 이	一 ㄧ ㄏ 丙 而 而
起	일어날 기	一 ㄐ ㅑ 圥 走 起 起 起
必	반드시 필	′ ノ 必 必 必
盥	대야 관	′ ㄷ ㅌ 臼 臼 臼 臼 舁 舁 盥 盥
必	반드시 필	′ ノ 必 必 必
漱	양치질할 수	′ 氵 氵 泊 泸 涑 漱 漱 漱

닭	이		우	는		새	벽	에		일	어	나
서		반	드	시		세	수	하	고		양	치	하
라	.											

言語必愼 (하고) 居處必恭 (하라.)
말씀 언 말씀 어 반드시 필 삼갈 신   살 거 곳 처 반드시 필 공손할 공

말은 반드시 삼가고 거처는 반드시 공손히 하라.

言 말씀 언	ㅗ ㅕ 냐 냐 言 言 言
語 말씀 어	ㅗ ㅕ 言 訂 語 語 語
必 반드시 필	ㆍ ㄴ 必 必 必
愼 삼갈 신	ㆍ ㅏ ㅏ 怍 愼 愼 愼

居 살 거	ㄱ ㄱ 尸 尸 居 居
處 곳 처	ㅏ ㅗ 广 虍 虎 虎 處 處
必 반드시 필	ㆍ ㄴ 必 必 必
恭 공손할 공	一 卄 共 共 恭 恭

말은 반드시 삼가고 거처
는 반드시 공손히 하라.

始習文字 (이어든) 字劃楷正 (하라.)

비로소 시 익힐 습 글월 문 글자 자   글자 자 그을 획 본보기 해 바를 정

비로소 문자를 익힘에는 글자를 바르고 정확하게 하라.

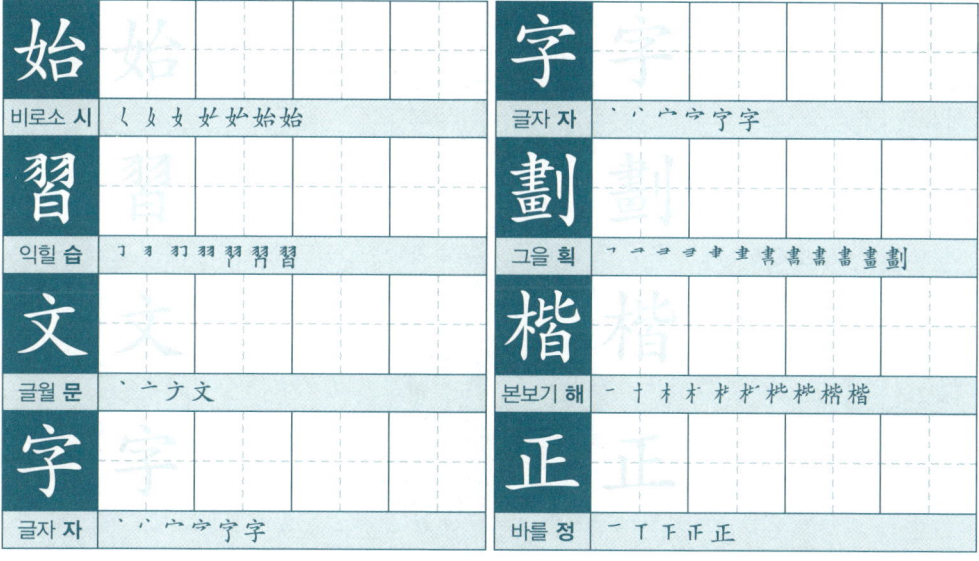

父母之年(은) 不可不知(하느니라.)

아비 부 어미 모 갈 지 해 년   아닐 불 옳을 가 아닐 부 알 지

부모님의 나이는 반드시 알아야 하느니라.

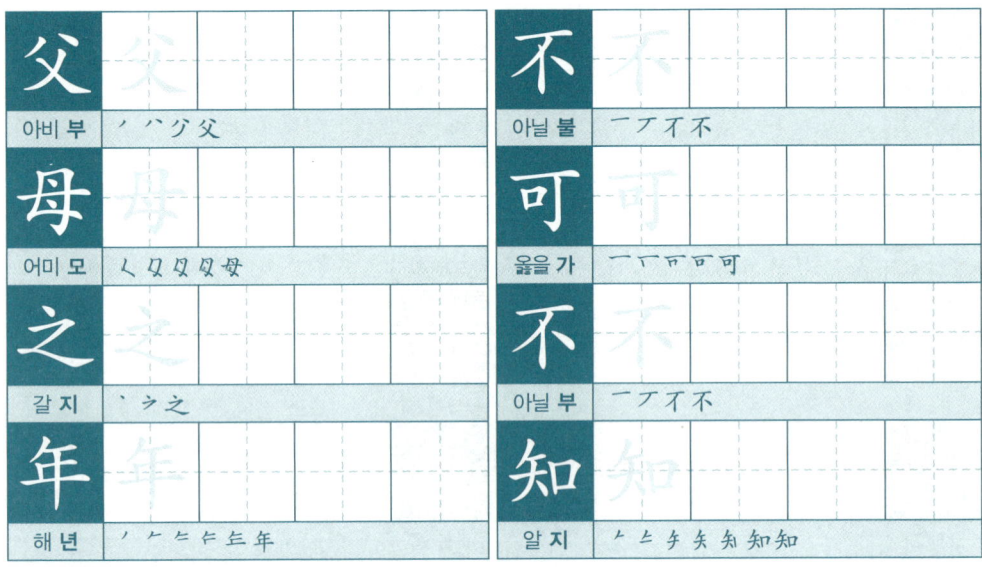

부모님의 나이는 반드시
알아야 하느니라.

飮食雖惡(이라도) 與之必食(하고)

마실 음　먹을 식　비록 수　나쁠 악　　줄 여　갈 지　반드시 필　먹을 식

음식이 비록 좋지 않더라도 주시면 반드시 먹어야 하고,

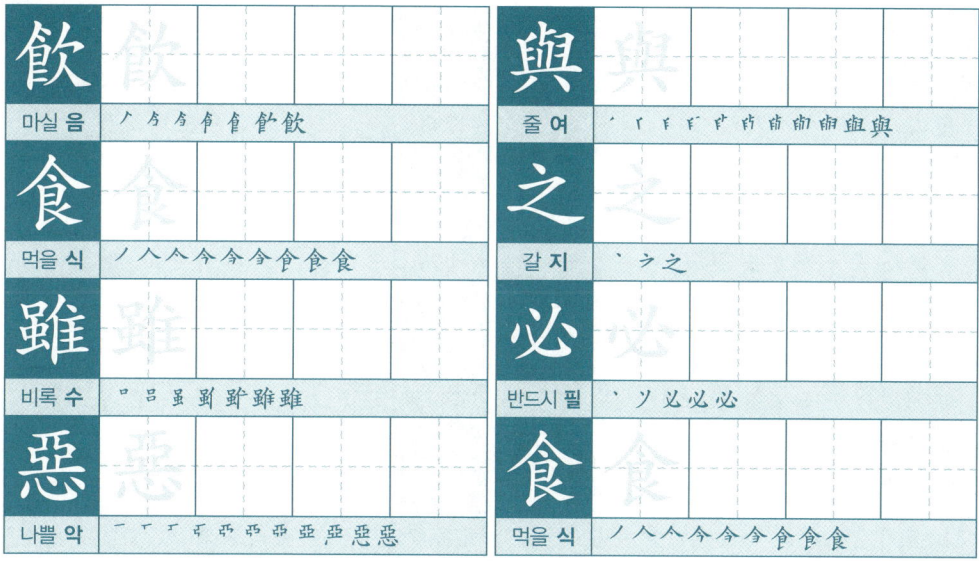

음식이 비록 좋지 않더라
도 주시면 반드시 먹어야
하고,

衣服雖惡 (하더라도) 與之必着 (하느니라.)

옷의 옷복 비록수 나쁠악 줄여 갈지 반드시필 입을착

의복이 비록 나쁘더라도 주시거든 반드시 입어야 하느니라.

의복이	비록	나쁘더라도
주시거든	반드시	입어야	하
느니라.			

衣服帶鞋(는) 勿失勿裂(하라.)

옷 의 옷 복 띠 대 신 혜   말 물 잃을 실 말 물 찢을 렬

의복과 혁대와 신발은 잃어버리지도 말고 찢지도 말라.

衣	옷 의	、一ナオ衣衣
服	옷 복	月月月月'肌服服
帶	띠 대	一十卅卅卅卅帶帶
鞋	신 혜	一廾廾苫苫革鞋鞋

勿	말 물	ノ勹勹勿
失	잃을 실	ノ┬ニ矢失
勿	말 물	ノ勹勹勿
裂	찢을 렬	一ブタ列列裂裂

의복과 혁대와 신발은 잃어버리지도 말고 찢지도 말라.

37

寒不敢襲 (하고) 暑勿褰裳 (하라.)

찰 한　아닐 불　감히 감　엄습할 습　　더울 서　말 물　걷어올릴 건　치마 상

춥다고 옷을 껴입지 말고 덥다고 치마나 바지를 걷지 말라.

寒	찰 한	丶宀宁宇宝実実寒
不	아닐 불	一丆不不
敢	감히 감	一丅丆耳耳耳耳敢敢
襲	엄습할 습	龍龍襲

暑	더울 서	口日旦早昇昇昇暑
勿	말 물	丿勹勿勿
褰	걷어올릴 건	丶宀宁宇宝実実寒寒褰
裳	치마 상	丷⺌堂堂堂裳

춥다고 옷을 껴입지 말고
덥다고 치마나 바지를 걷지
말라.

夏則扇枕 (이어든) 冬則溫被 (하니라.)

여름 하　곧 즉　부채 선　베개 침　　겨울 동　곧 즉　따뜻할 온　이불 피

여름에는 머리맡을 부채질로 시원하게 하고 겨울에는 이불을 따뜻하게 해 드려라.

夏 여름 하	一丁丆百百頁夏夏		冬 겨울 동	ノク久冬冬
則 곧 즉	丨冂月目貝貝則		則 곧 즉	丨冂月目貝貝則
扇 부채 선	、＾戶戶肩扇扇		溫 따뜻할 온	氵氵沪沪沪溫溫溫
枕 베개 침	一十才木木朷枕		被 이불 피	ﾌ 礻 礻 衤 衤 祊 祊 被

여	름	에	는		머	리	맡	을		부	채	질
로		시	원	하	게		하	고		겨	울	에	는
이	불	을		따	뜻	하	게		해		드	려	라.

侍坐親側(이어든) 進退必恭(하니라.)

모실 시 앉을 좌 어버이 친 곁 측   나아갈 진 물러날 퇴 반드시 필 공손할 공

부모님을 옆에 모시고 앉을 때는 나아가고 물러감을 반드시 공손히 해야 한다.

侍								
모실 시	亻 亻 亻 仁 仕 侍 侍 侍							

坐								
앉을 좌	ノ 人 乄 夕 夘 丛 坐 坐							

親								
어버이 친	立 辛 亲 新 親 親							

側								
곁 측	ノ 亻 仰 但 俱 側 側							

進								
나아갈 진	亻 亻 亻 仁 住 隹 進 進							

退								
물러날 퇴	그 ㅋ 艮 艮 退 退							

必								
반드시 필	` ソ 必 必 必							

恭								
공손할 공	一 卄 共 共 恭 恭 恭							

부모님을 옆에 모시고 앉
을 때는 나아가고 물러감을
반드시 공손히 해야 한다.

膝前勿坐 (하고) 親面勿仰 (하라.)

무릎 슬　앞 전　말 물　앉을 좌　　친할 친　얼굴 면　말 물　우러를 앙

부모님의 무릎 앞에 앉지 말고 부모님의 얼굴은 똑바로 쳐다보지 말라.

膝				親			
무릎 슬	丿 刀 月 ⺼ ⺼ ⺼ 胩 胨 胨 膝 膝			친할 친	丶 亠 立 产 辛 亲 亲 亲 亲 親 親		
前				面			
앞 전	丶 丷 屶 屵 甹 前 前			얼굴 면	丆 丙 而 面 面		
勿				勿			
말 물	丿 勹 勿 勿			말 물	丿 勹 勿 勿		
坐				仰			
앉을 좌	丿 亻 乂 从 纵 丛 坐 坐			우러를 앙	丿 亻 仁 仰 仰 仰		

부	모	님	의		무	릎		앞	에		앉	지
말	고		부	모	님	의		얼	굴	은		똑	바
로		쳐	다	보	지		말	라	.			

父母臥命(하시면) 俯首聽之(하느니라.)

아비 부 어미 모 누울 와 명령 명　숙일 복 머리 수 들을 청 갈 지

부모님이 누워서 명하시면 머리를 숙이고 들어야 하느니라.

居處靖靜 (하며) 步履安詳 (하라.)

살 거 곳 처 편하게 할 정 고요할 정   걸음 보 밟을 리 편안할 안 자세할 상

거처할 때에는 조용히 움직이고 걸음걸이는 편안하고 조용하게 하라.

居		步	
살 거	ㄱㄱ尸尸居居居	걸음 보	ㅣㅏㅏ止止步步
處		履	
곳 처	ㅣㅏ广卢卢庐虍處處處	밟을 리	ㄱ尸尸尸屈屈履
靖		安	
편하게 할 정	立ㅓ主圭圭靖靖	편안할 안	ㆍㆍ宀宁安安
靜		詳	
고요할 정	二ㅛ主青青青静静静	자세할 상	ㆍㆍ言言言詳詳

거처할 때에는 조용히 움직이고 걸음걸이는 편안하고 조용하게 하라.

飽食暖衣 (하며) 逸居無敎 (하면)

배부를 포　먹을 식　따뜻할 난　옷 의　　편안할 일　살 거　없을 무　가르칠 교

배불리 먹고 옷을 따뜻하게 입으며 편히 살면서 가르치지 않으면,

飽	배부를 포	ノ ㄅ ㅊ 冇 冇 食 飣 飩 飽 飽
食	먹을 식	ノ 人 人 今 今 今 倉 食 食
暖	따뜻할 난	丨 冂 日 日 旷 旷 旷 旿 晬 暖
衣	옷 의	ㅅ 亠 ナ 方 衣 衣

逸	편안할 일	ノ ㄅ ㄊ ㄆ 免 免 兔 逸 逸
居	살 거	그 그 尸 尸 尸 尸 居 居
無	없을 무	ㅅ 卜 卢 無 無 無 無
敎	가르칠 교	ノ メ ㅗ ㅗ 考 考 考 孝 孝 敎 敎

배불리 먹고 옷을 따뜻하게 입으며 편히 살면서 가르치지 않으면,

卽近禽獸(하니) 聖人憂之(하니라.)

곧 즉 가까울 근 날짐승 금 짐승 수   성인 성 사람 인 근심 우 갈 지

곧 금수와 다름이 없느니 성인은 그것을 걱정하시니라.

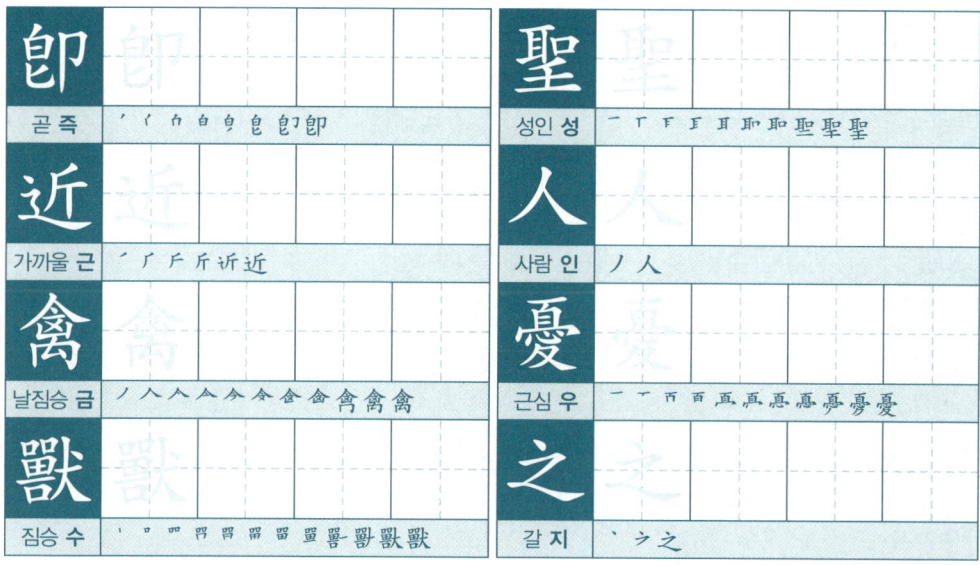

곧 금수와 다름이 없느니

성인은 그것을 걱정하시니라.

學優則仕(하야) 爲國盡忠(하고)

배울 학　넉넉할 우　곧 즉　벼슬할 사　　할 위　나라 국　다할 진　충성 충
　　　　　　　법칙 칙

학문이 넉넉하면 벼슬을 해서 나라를 위해 충성을 다하고,

學	배울 학	` ⺍ ⺍⺍ 臼 𦥯 學 學 學 `
優	넉넉할 우	`ノ 亻 亻 𠂉 佰 佰 㒖 傻 優 優`
則	곧 즉	`丨 冂 冃 目 貝 貝 則`
仕	벼슬할 사	`ノ 亻 𠂉 什 仕`

爲	할 위	`´ ⺈ 宀 爫 ⺶ 爲 爲 爲`
國	나라 국	`冂 冋 冋 冈 國 國 國`
盡	다할 진	`𠃍 ⺕ 彐 聿 聿 𦘮 畫 畵 盡`
忠	충성 충	`丨 冂 口 中 中 忠 忠`

학	문	이		넉	넉	하	면		벼	슬	을
해	서		나	라	를		위	해		충	성	을
다	하	고	,

敬信節用(하야) 愛民如子(하라.)

공경할 경 믿을 신 마디 절 쓸 용   사랑 애 백성 민 같을 여 아들 자

조심해서 미덥게 일하며 재물을 아껴 쓰고 백성을 사랑함은 자식과 같게 하라.

敬				愛			
공경할 경	一十十 艹 艻 苟 苟 敬			사랑 애	一 爫 爫 圂 愛 愛 愛		
信				民			
믿을 신	丿亻 亻 信 信 信			백성 민	フ ㄱ ㄕ 民 民		
節				如			
마디 절	丿 ㅗ ㅗ 竹 竹 笁 笁 節 節			같을 여	乚 刄 女 如 如 如		
用				子			
쓸 용	丿 冂 月 月 用			아들 자	フ 了 子		

조심해서 미덥게 일하며

재물을 아껴 쓰고 백성을

사랑함은 자식과 같게 하라.

人倫之中(에) 忠孝爲本(이니)

사람 **인**　인륜 **륜**　갈 **지**　가운데 **중**　　충성 **충**　효도 **효**　할 **위**　근본 **본**

인륜 가운데에 충과 효가 근본이 되니,

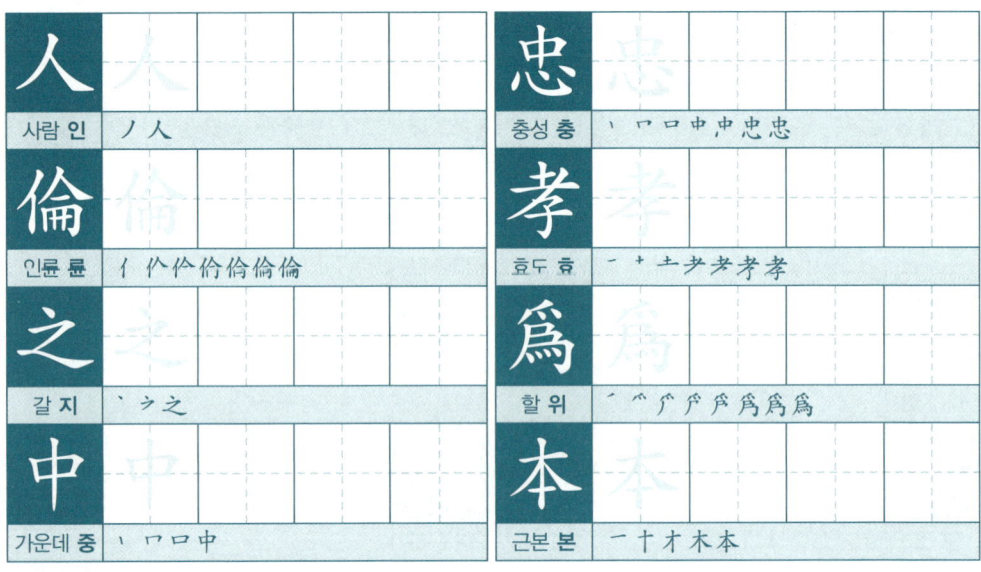

人	사람 인	ノ人
倫	인륜 륜	亻伀伀伀伀倫倫
之	갈 지	丶亠之
中	가운데 중	丨口口中

忠	충성 충	丶口口中中忠忠
孝	효도 효	一十土耂孝孝
爲	할 위	丶丷爫爫爲爲爲
本	근본 본	一十十木本

인륜 가운데에 충과 효가 근본이 되니,

孝當竭力 (하고) 忠則盡命 (하라.)

효도 효　마땅할 당　다할 갈　힘 력　　충성 충　곧 즉　다할 진　목숨 명

효도는 마땅히 힘을 다해야 하고 충성은 목숨을 다해야 한다.

孝		忠	
효도 효	一 + 土 耂 考 孝	충성 충	ノ 口 口 中 忠 忠
當		則	
마땅할 당	丨 ⺌ 当 当 常 當 當	곧 즉	丨 冂 目 目 貝 貝 則
竭		盡	
다할 갈	亠 立 立 站 竭 竭 竭	다할 진	フ ㄱ ㅋ 聿 畫 盡 盡 盡 盡
力		命	
힘 력	フ 力	목숨 명	人 스 亼 合 合 命 命

효	도	는		마	땅	히		힘	을		다	해
야		하	고		충	성	은		목	숨	을		다
해	야		한	다	.								

兄弟姉妹(는) 同氣而生(이니)

맏 형　아우 제　손위 누이 자　누이 매　　한가지 동　기운 기　말 이을 이　날 생

형제와 자매는 한 기운을 받고 태어났으니,

兄友弟恭(하야) 不敢怨怒(하니라.)

맏 **형** 우애 **우** 아우 **제** 공손할 **공**　　아닐 **불** 감히 **감** 원망할 **원** 성낼 **노**

형은 우애하고 아우는 공손히 하여 감히 원망하거나 성내지 말아야 한다.

骨肉雖分(이나) 本生一氣(요)

뼈 골 고기 육 비록 수 나눌 분   근본 본 날 생 한 일 기운 기

뼈와 살은 비록 나누어졌으나 본래 한 기운에서 태어났으며,

骨					
뼈 골	丨冂冂丹丹骨骨				

肉					
고기 육	丨冂内内肉肉				

雖					
비록 수	丨口口吕虽虽虽虽雖雖				

分					
나눌 분	丿八分分				

本					
근본 본	一十才木本				

生					
날 생	丿𠂉牛生生				

一					
한 일	一				

氣					
기운 기	𠂉𠂉气气氕氣氣				

뼈와 살은 비록 나누어졌으나 본래 한 기운에서 태어났으며,

形體雖異(나) 素受一血(이니라.)

모양 형 몸 체 비록 수 다를 이   바탕 소 받을 수 한 일 피 혈

형체는 비록 다르나 본래 한 핏줄을 받았느니라.

形 모양 형	一 二 干 开 形 形 形
體 몸 체	丨 冂 丹 丹 骨 骨 骨 體 體 體 體 體
雖 비록 수	丨 冂 口 吕 吊 虽 虽 郵 雖 雖 雖
異 다를 이	丨 冂 闩 用 田 田 里 異 異

素 바탕 소	一 二 十 主 丰 丰 素 素 素
受 받을 수	爫 爫 爫 爫 爫 爫 受 受
一 한 일	一
血 피 혈	丿 丶 白 白 血 血

형체는 비록 다르나 본래
한 핏줄을 받았느니라.

比之於木(하면) 同根異枝(하며)

견줄 비 갈 지 어조사 어 나무 목   한가지 동 뿌리 근 다를 이 가지 지

나무에 비유하면 뿌리는 같으나 가지는 다른 것과 같고,

比之於水(하면) 同源異流(하니라.)

견줄 비 갈 지 어조사 어 물 수   한가지 동 근원 원 다를 이 흐를 류

물에 비하면 근원은 같으나 흐름은 다른 것과 같다.

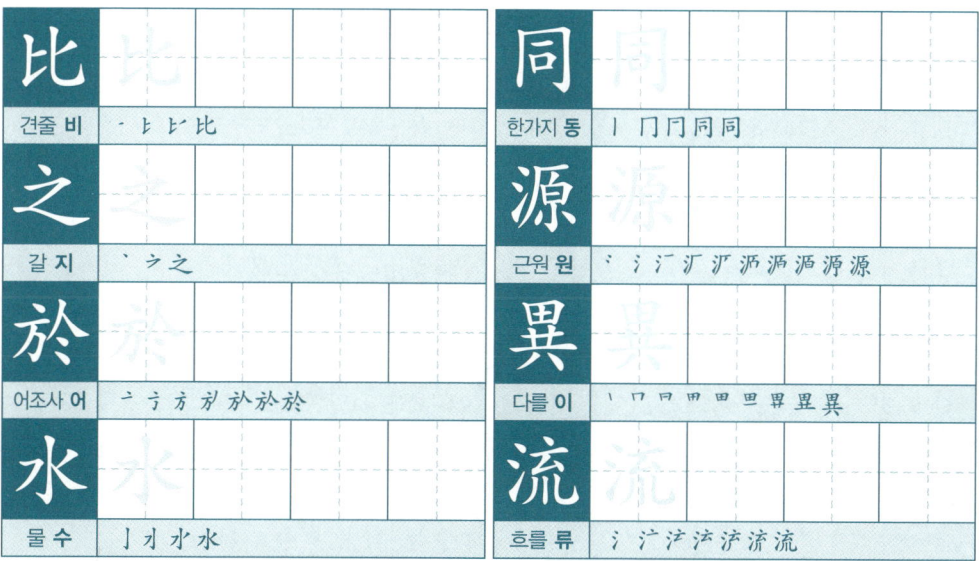

比	比 ㅓㅏ比
견줄 비	
之	ㆍㄱ之
갈 지	
於	ㆍㅗ方方於於於
어조사 어	
水	ㅣㅓ水水
물 수	

同	ㅣㄇㄇ同同
한가지 동	
源	氵氵沪沪沪源源源
근원 원	
異	ㅣㄇㄇ用田田異異異
다를 이	
流	氵氵沪沪沪流流
흐를 류	

물에 비하면 근원은 같으
나 흐름은 다른 것과 같다.

爲兄爲弟(가) 何忍不和(하리오.)

될위 맏형 될위 아우제 어찌하 참을인 아닐불 화할화

형 되고 아우 된 자가 차마 어찌 불화하리오.

| 형 | 되고 | 아우 | 된 | 자가 |

| 차마 | 어찌 | 불화하리오. |

兄弟怡怡(하야) 行則雁行(하라.)

맏 형　아우 제　기쁠 이　기쁠 이　　갈 행　곧 즉　기러기 안　갈 행

형제는 서로 기뻐해야 하고 길을 갈 때는 기러기 떼처럼 나란히 가라.

兄		行	
맏 형	ノ口口ワ兄	갈 행	ノノ彳彳行行
弟		則	
아우 제	丶ソ丷当弟弟	곧 즉	丨冂冃目貝貝則
怡		雁	
기쁠 이	丶丶忄忄怡怡	기러기 안	一厂厂厃雁雁雁雁
怡		行	
기쁠 이	丶丶忄忄怡怡	갈 행	ノノ彳彳行行

형제는　서로　기뻐해야　하
고　길을　갈　때는　기러기
떼처럼　나란히　가라.

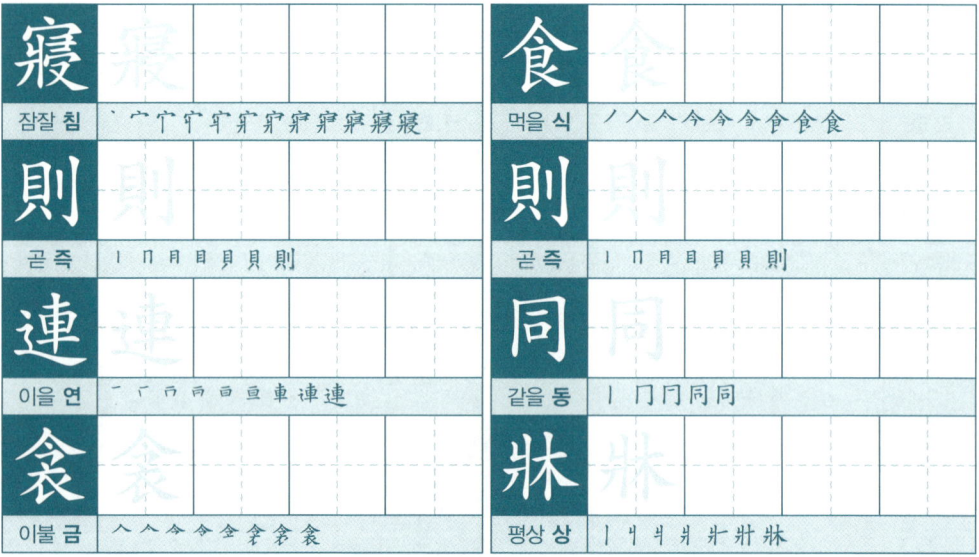

寝則連衾(하고) 食則同牀(하라.)

잠잘 **침**   곧 **즉**   이을 **연**   이불 **금**   　먹을 **식**   곧 **즉**   같을 **동**   평상 **상**

잠잘 때에는 이불을 나란히 덮고 밥 먹을 때에는 밥상을 함께하라.

近墨者黑(이요) 近朱者赤(이니)

가까울 근　먹 묵　놈 자　검을 흑　　가까울 근　붉을 주　놈 자　붉을 적

먹을 가까이하는 사람은 검어지고 붉은 빛을 가까이하는 사람은 붉게 되니

近				
가까울 근	´ ⸢ ⸢ 斤 近 近			
墨				
먹 묵	丨 冂 冃 日 旦 里 黒 黒 黒 黒 墨			
者				
놈 자	一 十 土 耂 耂 者 者 者			
黑				
검을 흑	丨 冂 冃 日 旦 里 黒 黒			

近				
가까울 근	´ ⸢ ⸢ 斤 近 近			
朱				
붉을 주	´ 一 ⸝ 牛 牛 朱			
者				
놈 자	一 十 土 耂 耂 者 者 者			
赤				
붉을 적	一 十 土 十 亓 赤 赤			

먹을 가까이하는 사람은
검어지고 붉은 빛을 가까이
하는 사람은 붉게 되니

居必擇隣(하고) 就必有德(하라.)

살 거　반드시 필　가릴 택　이웃 린　　나아갈 취　반드시 필　있을 유　덕 덕

거처할 땐 반드시 이웃을 가리고 나아갈 땐 반드시 덕 있는 사람에게 가라.

居						就					
살 거	フコヨアアア居居					나아갈 취	一亠亨亨京京訃就				
必						必					
반드시 필	､ ソ 必 必 必					반드시 필	､ ソ 必 必 必				
擇						有					
가릴 택	一 扌 扩 扩 扩 押 押 押 擇 擇 擇					있을 유	ノ ナ 才 有 有 有				
隣						德					
이웃 린	了 阝 阝 阡 阼 阼 陇 陇 陇 隣					덕 덕	､ 彳 彳 彳 彳 衤 徝 德 德 德				

거	처	할		땐		반	드	시		이	웃	을
가	리	고		나	아	갈		땐		반	드	시
덕		있	는		사	람	에	게		가	라	.

擇而交之(면) 有所補益(하고)

가릴택 말이을이 사귈교 갈지　있을유 바소 도울보 유익할익

사람을 가려서 사귀면 도움과 유익함이 있고,

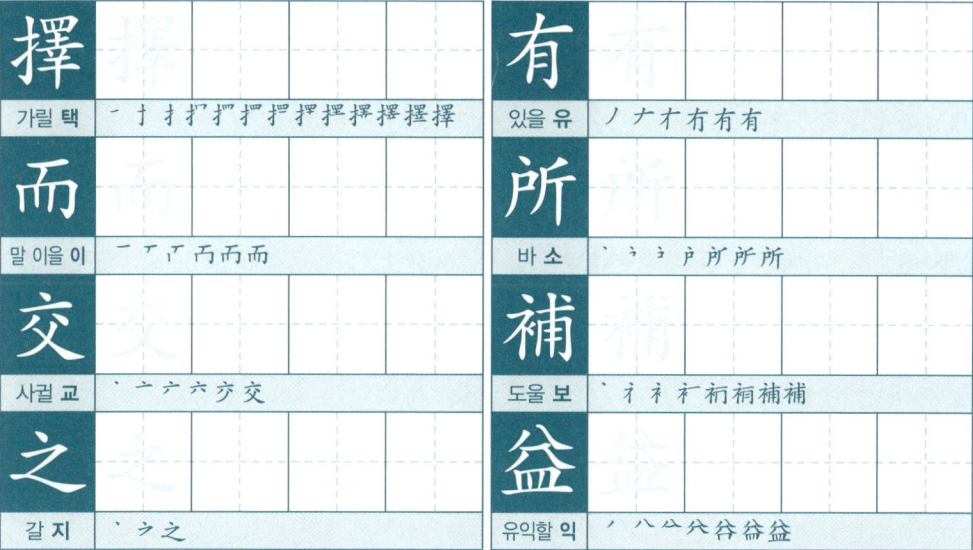

不擇而交(면) 反有害矣(니라.)

아닐 **불**　가릴 **택**　말 이을 **이**　사귈 **교**　　되돌릴 **반**　있을 **유**　해칠 **해**　어조사 **의**

가리지 않고 사귀면 도리어 해가 있느니라.

不	아닐 불	一ナイ不
擇	가릴 택	一扌扌扞扞押押押捏揮擇擇
而	말 이을 이	一ナ丆而而
交	사귈 교	一亠六亣交

反	되돌릴 반	一厂厅反
有	있을 유	ノナオ冇有有
害	해칠 해	宀宀宀宲害害
矣	어조사 의	厶厶厶台牟矣

가리지 않고 사귀면 도리어 해가 있느니라.

朋友有過(이어든) 忠告善導(하라.)

벗 붕　벗 우　있을 유　허물 과　　충성 충　알릴 고　착할 선　이끌 도

친구에게 잘못이 있거든 충고하여 착하게 인도하라.

朋			忠		
벗 붕	ノ 丿 刀 月 朋 朋 朋		충성 충	ノ 口 口 中 虫 忠 忠	
友			告		
벗 우	一 ナ 友 友		알릴 고	ノ 广 屮 牛 牛 告 告	
有			善		
있을 유	ノ ナ オ 有 有 有		착할 선	丷 亠 羊 羊 盖 善 善	
過			導		
허물 과	冂 冂 冂 冋 局 鬲 過 過		이끌 도	丷 亠 艹 首 渞 道 導	

친구에게 잘못이 있거든

충고하여 착하게 인도하라.

人無責友(면) 易陷不義(니라.)

사람 인 없을 무 꾸짖을 책 벗 우   쉬울 이 빠질 함 아닐 불 옳을 의

잘못을 꾸짖어 주는 친구가 없으면 의롭지 못한 데 빠지기 쉬우니라.

人				
사람 인	ノ人			

無				
없을 무	ノ 二 無 無 無 無			

責				
꾸짖을 책	一 十 主 青 青 青 責			

友				
벗 우	一 ナ 方 友			

易				
쉬울 이	一 口 日 月 号 易			

陷				
빠질 함	' 了 阝 阝ᄼ 阝𠂉 陷 陷			

不				
아닐 불	一 丆 不 不			

義				
옳을 의	' 丷 䒑 羊 莘 義 義			

잘못을 꾸짖어 주는 친구

가 없으면 의롭지 못한 데

빠지기 쉬우니라.

面讚我善(이면) 諂諛之人(이요)

얼굴 면 칭찬할 찬 나 아 착할 선 아첨할 첨 아첨할 유 갈 지 사람 인

면전에서 나의 착한 점을 칭찬하면 아첨하는 사람이고,

얼굴 면	一 丆 而 而 面
칭찬할 찬	讚
나 아	一 二 手 手 我 我
착할 선	善

아첨할 첨	諂
아첨할 유	諛
갈 지	丶 ㇇ 之
사람 인	丿 人

면전에서 나의 착한 점을

칭찬하면 아첨하는 사람이고

面責我過㈜ 剛直之人(이니라.)

얼굴 면 꾸짖을 책 나 아 허물 과   굳셀 강 곧을 직 갈 지 사람 인

면전에서 나의 잘못을 꾸짖으면 굳세고 정직한 사람이다.

면	전	에	서		나	의		잘	못	을		꾸
짖	으	면		굳	세	고		정	직	한		사	람
이	다	.										

言而不信(이면) 非直之友(니라.)

말씀 언 말 이을 이 아닐 불 믿을 신   아니 비 곧을 직 갈 지 벗 우

말을 하되 미덥지 못하면 정직한 친구가 아니다.

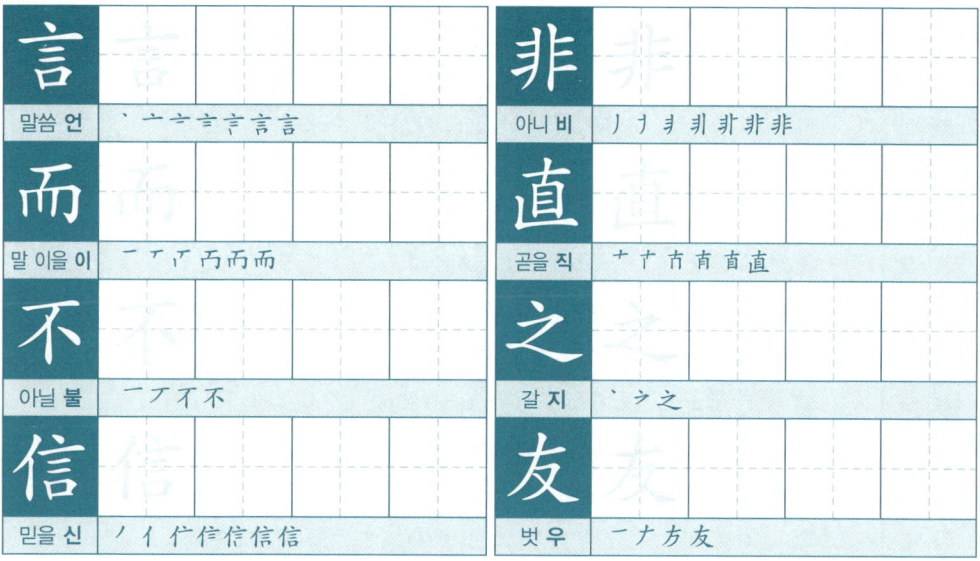

말을		하되		미덥지		못하면	

정직한		친구가		아니다.			

見善從之(하고) 知過必改(하라.)

볼 견 착할 선 좇을 종 갈 지   알 지 허물 과 반드시 필 고칠 개

착한 것을 보면 그것을 따르고 잘못을 알면 반드시 고쳐라.

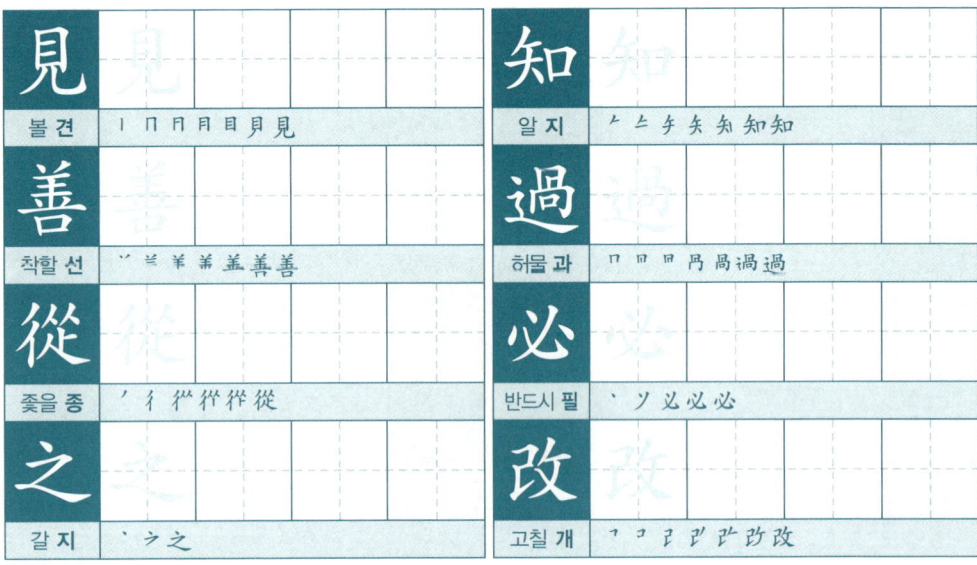

悅人讚者(는) 百事皆僞(며)

기쁠 열 사람 인 칭찬할 찬 놈 자   일백 백 일 사 다 개 거짓 위

남의 칭찬을 좋아하는 자는 온갖 일이 모두 거짓이고,

悅			百		
기쁠 열	ㆍㅅ 竹 忄 悦 悦 悦		일백 백	一 丁 下 百 百 百	
人			事		
사람 인	ノ 人		일 사	一 ㄱ 戸 戸 写 写 事	
讚			皆		
칭찬할 찬	丶 言 訁 訬 訬 訬 讃 讃 讚		다 개	丨 比 比 比 比 皆	
者			僞		
놈 자	一 + 土 耂 者 者 者		거짓 위	亻 亻 ⺅ 伊 伊 僞 僞	

남의 칭찬을 좋아하는 자
는 온갖 일이 모두 거짓이
고,

厭人責者(는) 其行無進(이니라.)

싫을 염　사람 인　꾸짖을 책　놈 자　　그 기　갈 행　없을 무　나아갈 진

남의 꾸짖음을 싫어하는 자는 그 행동에 진전이 없다.

厭			
싫을 염	一厂厂厂厂厂厂厂厭厭		
人			
사람 인	ノ人		
責			
꾸짖을 책	一十主青青青責		
者			
놈 자	一十土耂耂者者者		

其			
그 기	一十廿甘其其		
行			
갈 행	ノ彳彳彳行行		
無			
없을 무	一仁毎無無無		
進			
나아갈 진	ノ亻亻亻亻隹隹進進		

남의 꾸짖음을 싫어하는 자는 그 행동에 진전이 없다.

父子有親(하며) 君臣有義(하며)

아비 부 아들 자 있을 유 어버이 친   임금 군 신하 신 있을 유 옳을 의

부모와 자식 사이에는 친함이 있고, 임금과 신하 사이에는 의리가 있으며,

父	아비 부	ノ ハ グ 父
子	아들 자	フ 了 子
有	있을 유	ノ ナ オ 有 有 有
親	어버이 친	亠 立 产 亲 亲 新 親 親

君	임금 군	フ ユ ヨ 尹 君 君 君
臣	신하 신	一 丁 匚 屵 臣 臣
有	있을 유	ノ ナ オ 有 有 有
義	옳을 의	丷 亠 关 美 羔 義 義

부모와	자식	사이에는	친
함이	있고,	임금과	신하	사
이에는	의리가	있으며,

夫婦有別(하며) 長幼有序(하며)

지아비 부　아내 부　있을 유　나눌 별　　어른 장　어릴 유　있을 유　차례 서

남편과 아내 사이에는 분별이 있으며, 어른과 아이 사이에는 차례가 있으며,

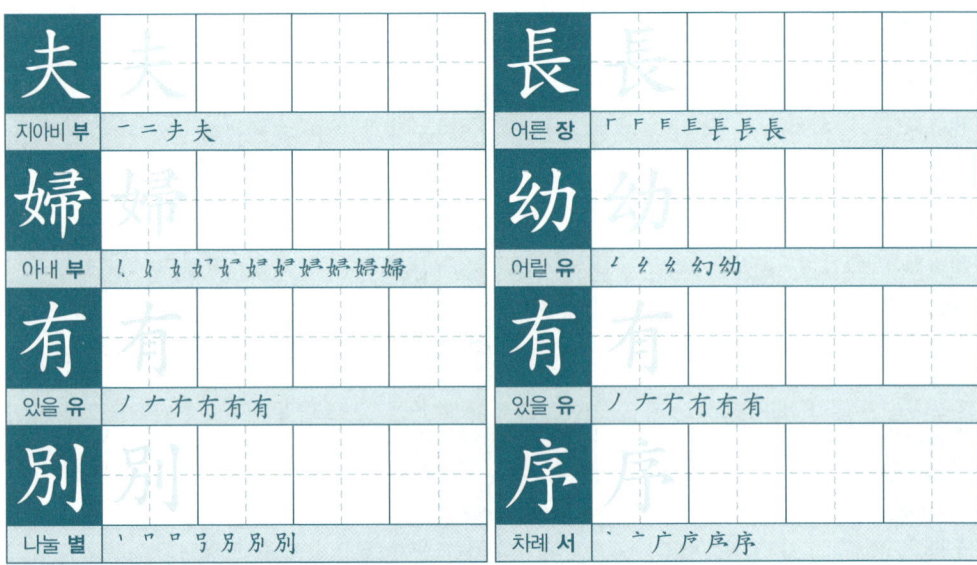

朋友有信(이니) 是謂五倫(이니라.)

벗 붕　벗 우　있을 유　믿을 신　　옳을 시　이를 위　다섯 오　인륜 륜

벗과 벗 사이에는 신의가 있으니, 이것을 일러 오륜이라고 한다.

朋				
벗 붕	ノ 刀 月 月 朋 朋 朋			

友				
벗 우	一 ナ 方 友			

有				
있을 유	ノ ナ オ 有 有 有			

信				
믿을 신	ノ イ 亻 信 信 信 信			

是				
옳을 시	丨 日 旦 早 早 昇 是			

謂				
이를 위	亠 宀 言 言 訁 訉 謂 謂 謂 謂			

五				
다섯 오	一 丁 五 五			

倫				
인륜 륜	イ 伙 伙 佮 佮 倫 倫			

벗과 벗 사이에는 신의가
있으니, 이것을 일러 오륜이
라고 한다.

君爲臣綱(이요) 父爲子綱(이요)

임금 군　할 위　신하 신　벼리 강　　아비 부　할 위　아들 자　벼리 강

임금은 신하의 벼리*가 되고, 아버지는 자식의 벼리가 되며,

(*벼리:그물 코를 꿴 굵은 줄·일이나 글의 뼈대가 되는 줄거리·사물을 총괄하여 규제하는 것)

한자	훈음	필순
君	임금 군	フヨヨ尹尹君君
爲	할 위	´´´´゛゛゛゛゛゛゛ 爲爲
臣	신하 신	一 丅 丆 屵 臣 臣
綱	벼리 강	´ ㄠ 幺 糸 紀 網 網 網 網
父	아비 부	´ ´ ㄅ 父
爲	할 위	´´´´゛゛゛゛゛゛゛ 爲爲
子	아들 자	了 了 子
綱	벼리 강	´ ㄠ 幺 糸 紀 網 網 網 網

임금은　신하의　벼리가　되고, 아버지는　자식의　벼리가　되며,

夫爲婦綱(이니) 是謂三綱(이니라.)

지아비 부 할 위 아내 부 벼리 강   옳을 시 이를 위 석 삼 벼리 강

남편은 아내의 벼리가 되니, 이것을 일러 삼강이라고 한다.

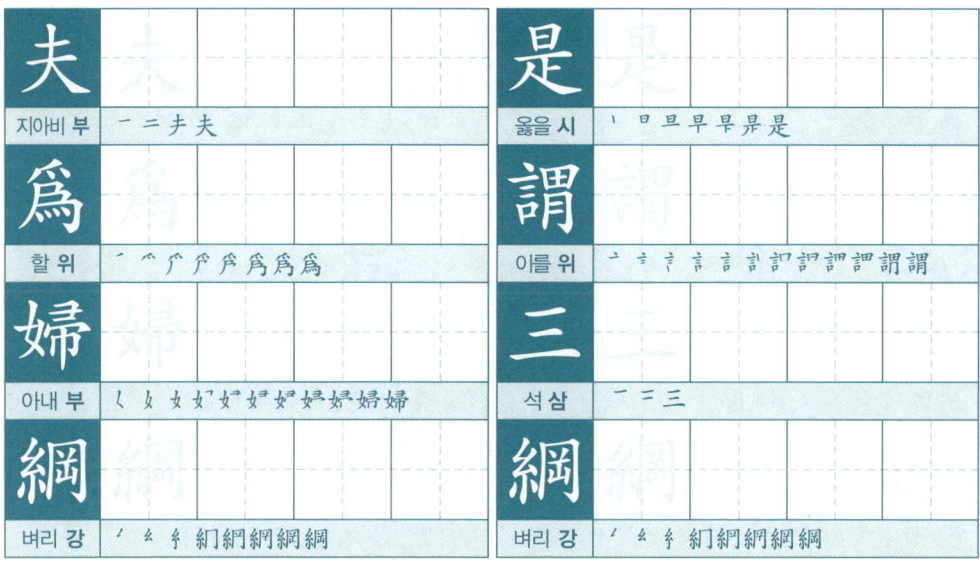

남편은 아내의 벼리가 되니, 이것을 일러 삼강이라고 한다.

人所以貴(는) 以其倫綱(이니라.)

사람 인 바 소 써 이 귀할 귀   써 이 그 기 인륜 륜 벼리 강

사람이 귀한 이유는 오륜과 삼강 때문이다.

人				以			
사람 인	ノ 人			써 이	丶 レ 以 以		
所				其			
바 소	ᆞ ᆞ ᄀ ア 所 所 所			그 기	一 十 廿 苴 其 其		
以				倫			
써 이	丶 レ 以 以			인륜 륜	亻 今 亼 佮 佮 佮 倫		
貴				綱			
귀할 귀	丶 ワ ロ 中 典 串 胄 眥 貴 貴			벼리 강	ㄴ 幺 糸 紀 網 網 網 網		

사	람	이		귀	한		이	유	는		오	륜
과		삼	강		때	문	이	다	.			

德業相勸(하고) 過失相規(하며)

덕 덕　일 업　서로 상　권할 권　　허물 과　잃을 실　서로 상　법 규

좋은 일은 서로 권하고, 잘못은 서로 규제하며,

德			
덕 덕	ノイイ彳彳徃徳徳徳		

業			
일 업	丨丷丷业业芈芈業業		

相			
서로 상	一十才木 杆机相相相		

勸			
권할 권	一艹艹艹苹萑萑藋藋勸勸		

過			
허물 과	冂口曰丹咼咼過過		

失			
잃을 실	ノ ㇉ 느 失 失		

相			
서로 상	一十才木 杆机相相相		

規			
법 규	二夫刧刔 規規		

좋은 일은 서로 권하고,

잘못은 서로 규제하며,

禮俗相交 (하고) 患難相恤 (하라.)

예도 예 / 예도 례 풍속 속 서로 상 사귈 교 근심 환 어려울 난 서로 상 동정할 휼

예의로 서로를 사귀고, 어려운 일은 서로 돕는다.

한자	훈음	필순
禮	예도 예	一 二 亍 示 和 初 神 神 神 禮 禮 禮
俗	풍속 속	亻 亻 亻 伀 伀 俗 俗
相	서로 상	一 十 才 木 机 机 相 相 相
交	사귈 교	亠 六 亣 交
患	근심 환	一 口 日 吕 串 患 患
難	어려울 난	一 廿 苗 莒 莫 蓳 蓳 難 難
相	서로 상	一 十 才 木 机 机 相 相 相
恤	동정할 휼	丶 忄 忄 忄 恤 恤 恤

예의로 서로를 사귀고, 어려운 일은 서로 돕는다.

貧窮患難(에는) 親戚相救(하며)

가난할 빈　궁할 궁　근심 환　어려울 난　　친할 친　겨레 척　서로 상　건질 구

가난이나 우환, 재난을 당한 사람이 있을 경우에는 친척들이 서로 구원해 주며,

貧					親				
가난할 빈　ノ 八 分 分 貧 貧 貧					친할 친　` 一 立 立 辛 亲 亲 新 新 親 親				
窮					戚				
궁할 궁　` 宀 宀 宀 宀 穷 穷 穷 窮 窮					겨레 척　ノ 厂 厂 厂 厂 厂 戚 戚 戚				
患					相				
근심 환　口 口 串 串 患 患 患					서로 상　一 十 才 木 机 机 机 相 相				
難					救				
어려울 난　一 世 苗 莫 菓 菓 難 難					건질 구　一 十 寸 求 求 救 救				

가	난	이	나		우	환	,	재	난	을		당
한		사	람	이		있	을		경	우	에	는
친	척	들	이		서	로		구	원	해		주	며

婚姻死喪(에) 相扶相助(하라.)

혼인할 혼　혼인 인　죽을 사　죽을 상　　서로 상　도울 부　서로 상　도울 조

혼인과 초상에는 이웃끼리 서로 도와라.

婚					
혼인할 혼	乛女女奵奵奵婚婚				

姻					
혼인 인	乛女女如姻姻姻				

死					
죽을 사	一ァ万歹死				

喪					
죽을 상	一十圥卉壺喪喪				

相					
서로 상	一十才木机相相相相				

扶					
도울 부	一十扌扩扶扶				

相					
서로 상	一十才木机相相相相				

助					
도울 조	1ⅡⅡ月且助助				

혼인과 초상에는 이웃끼리 서로 도와라.

修身齊家(는) 治國之本(이요)

닦을 수 몸 신 가지런할 제 집 가   다스릴 치 나라 국 갈 지 근본 본

자기 몸을 닦고 집안을 가지런히 하는 것은 나라를 다스리는 근본이요,

修				治			
닦을 수	亻亻仁修修修修			다스릴 치	冫氵治治治治治		
身				國			
몸 신	丿丨丬冂自自身			나라 국	冂同冋民國國國		
齊				之			
가지런할 제	一亠产产产齊齊			갈 지	丶宀之		
家				本			
집 가	丶宀宀宀家家家			근본 본	一十才木本		

자기 몸을 닦고 집안을
가지런히 하는 것은 나라를
다스리는 근본이요,

讀書勤儉(은) 起家之本(이니라.)

읽을 독　글 서　부지런할 근　검소할 검　　일어날 기　집 가　갈 지　근본 본

독서와 부지런하고 검소함은 집안을 일으키는 근본이다.

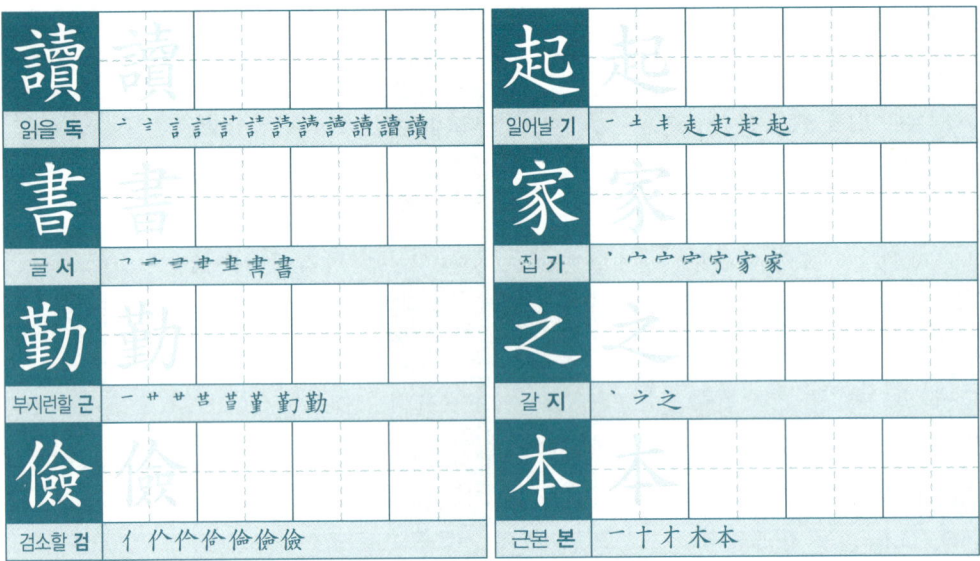

忠信慈祥 (하고) 溫良恭儉 (하라.)

충성 충　믿을 신　사랑할 자　상서로울 상　　따뜻할 온　어질 량　공손할 공　검소할 검

충실하고 신용 있고 자상하며 온순하고 어질고 공손하고 검소하게 하라.

忠 충성 충	丶丶口中中忠忠
信 믿을 신	ノ亻仁信信信信
慈 사랑할 자	丷丷产兹兹慈慈
祥 상서로울 상	二丁オ ネ 祥祥祥

溫 따뜻할 온	氵汩汩汩渭溫溫
良 어질 량	丶ㄱヨ 크 艮良良
恭 공손할 공	一 卄 艹 共恭恭恭
儉 검소할 검	亻 仌 仒 伶 俭 儉 儉

충	실	하	고		신	용		있	고		자	상
하	며		온	순	하	고		어	질	고		공	손
하	고		검	소	하	게		하	라	.			

人之德行(은) 謙讓爲上(이니라.)

사람 인 갈 지 덕 덕 갈 행 겸손할 겸 사양할 양 할 위 위 상

사람의 덕행은 겸손과 사양이 제일이다.

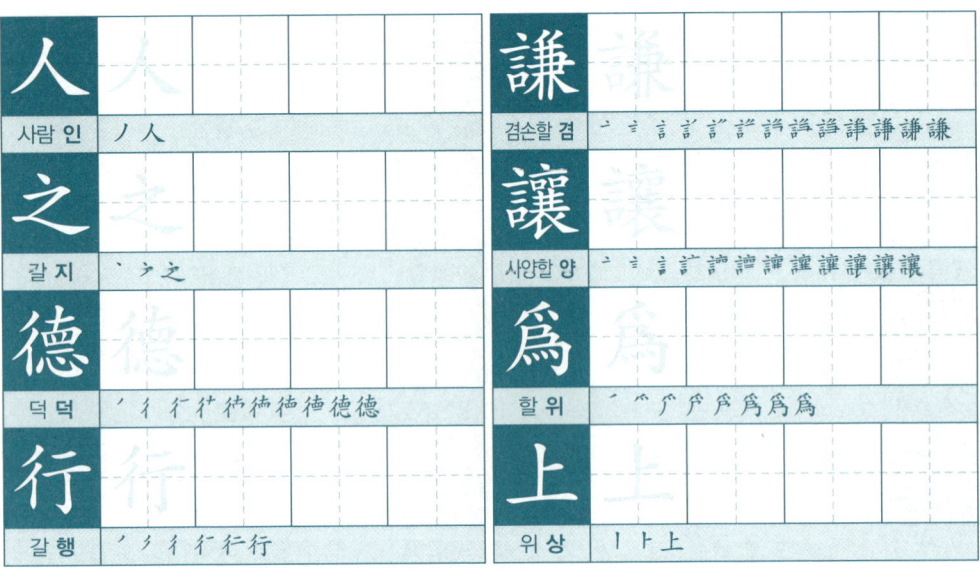

莫談他短(하고) 靡恃己長(하라.)

없을 막　말씀 담　다를 타　짧은 단　쓰러질 미　믿을 시　자기 기　길 장

다른 사람의 단점을 말하지 말고 자기의 장점을 믿지 말라.

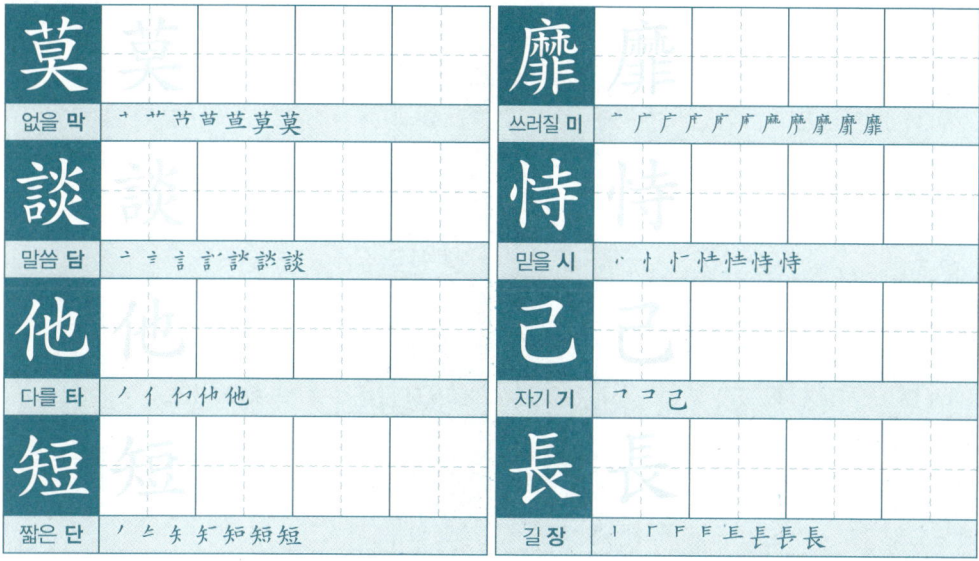

|다른| |사람의| |단점을| |말하|
|지| |말고| |자기의| |장점을| |민|
|지| |말라.| | | | | |

己所不欲(을) 勿施於人(하라.)

자기 기　바 소　아닐 불　하고자 할 욕　　말 물　베풀 시　어조사 어　사람 인

자기가 하기 싫은 일을 남에게 하도록 말라.

| 자기가 | 하기 | 싫은 | 일을 |

| 남에게 | 하도록 | 말라. |

積善之家(는) 必有餘慶(이요)

쌓을 적 착할 선 갈 지 집 가   반드시 필 있을 유 남을 여 경사 경

선행을 쌓은 집안은 반드시 뒤에 경사가 있고,

積	쌓을 적	ノ 彳 千 禾 禾 秆 秸 秸 積 積
善	착할 선	ソ 兰 羊 盖 善 善
之	갈 지	ヽ 亠 之
家	집 가	ヽ 宀 宀 宁 宇 家 家

必	반드시 필	ヽ ソ 必 必 必
有	있을 유	ノ ナ オ 有 有 有
餘	남을 여	ノ ハ 厶 今 今 솥 솥 솥 솥 餘
慶	경사 경	亠 广 户 户 庐 庐 庐 廖 廖 慶

선행을 쌓은 집안은 반드
시 뒤에 경사가 있고,

不善之家(는) 必有餘殃(이니라.)

아닐 불 착할 선 갈 지 집 가 반드시 필 있을 유 남을 여 재앙 앙

불선을 쌓은 집안은 반드시 뒤에 재앙이 있다.

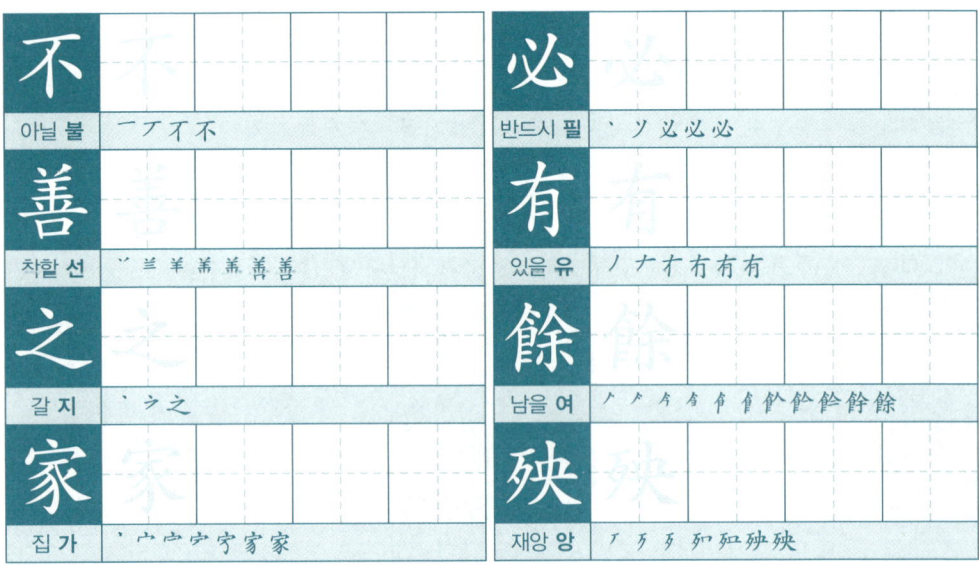

불선을 쌓은 집안은 반드
시 뒤에 재앙이 있다.

損人利己(면) 終是自害(니라.)

손해 손 사람 인 이로울 리 자기 기   끝날 종 옳을 시 스스로 자 해칠 해

남을 손해 보게 하고 자신을 이롭게 하면 끝내는 자신을 해치는 것이 된다.

損					終				
손해 손	一十才才打捐捐損				끝날 종	'幺幺糸糸紵終終			
人					是				
사람 인	ノ人				옳을 시	一日日下무무무是			
利					自				
이로울 리	一二千禾禾利利				스스로 자	′丨斤白自自			
己					害				
자기 기	一フ己				해칠 해	'宀宀宝宝害害害			

남을 손해 보게 하고 자
신을 이롭게 하면 끝내는
자신을 해치는 것이 된다.

禍福無門(하야) 惟人所召(니라.)

재난 화 　복 복 　없을 무 　문 문 　　꾀할 유 　사람 인 　바 소 　부를 소

재앙과 복은 특정한 문이 없어 오직 사람이 불러들인 것이다.

禍								惟							
재난 화	二 丁 禾 禾¹ 禾¹ 禍 禍 禍							꾀할 유	丶 丨 忄 忄 忄 忄 惟 惟						
福								人							
복 복	二 丁 禾 禾¹ 禾¹ 禍 福 福 福							사람 인	丿 人						
無								所							
없을 무	二 二 無 無 無 無							바 소	丶 丶 丨 戶 所 所 所						
門								召							
문 문	丨 丨 丨 丨 丨¹ 門 門 門							부를 소	丁 刀 刀 召 召						

재	앙	과		복	은		특	정	한		문	이
없	어		오	직		사	람	이		불	러	들	인
것	이	다	.									

부자유친하며 군신유의하며
부부유별하며 장유유서하며
붕우유신이니 시위오륜이니라.

父子有親(하며)

君臣有義(하며)

夫婦有別(하며)

長幼有序(하며)

朋友有信(이니)

是謂五倫(이니라.)

부모와 자식 사이에는 친함이 있고, 임금과 신하 사이에는 의리가 있으며, 남편과 아내 사이에는 분별이 있으며, 어른과 아이 사이에는 차례가 있으며, 벗과 벗 사이에는 신의가 있으니, 이것을 일러 오륜이라고 한다.

군위신강이요 부위자강이요
부위부강이니 시위삼강이니라.

君爲臣綱(이요)

父爲子綱(이요)

夫爲婦綱(이니)

是謂三綱(이니라.)

임금은 신하의 벼리*가 되고, 아버지는 자식의 벼리가 되며, 남편은 아내의 벼리가 되니, 이것을 일러 삼강이라고 한다.
(*벼리:그물 코를 꿴 굵은 줄·일이나 글의 뼈대가 되는 줄거리·사물을 총괄하여 규제하는 것)

덕업상권하고 과실상규하며
예속상교하고 환난상휼하라.
빈궁환난에는 친척상구하며
혼인사상에 상부상조하라.

德業相勸(하고) 過失相規(하며)
禮俗相交(하고) 患難相恤(하라.)
貧窮患難(에는) 親戚相救(하며)
婚姻死喪(에) 相扶相助(하라.)

좋은 일은 서로 권하고, 잘못은 서로 규제하며, 예의로 서로를 사귀고, 어려운 일은 서로 돕는다. 가난이나 우환, 재난을 당한 사람이 있을 경우에는 친척들이 서로 구원해 주며, 혼인과 초상에는 이웃끼리 서로 도와라.

수신제가는 치국지본이요
독서근검은 기가지본이니라.

修身齊家(는)
治國之本(이요)
讀書勤儉(은)
起家之本(이니라.)

자기 몸을 닦고 집안을 가지런히 하는 것은 나라를 다스리는 근본이요, 독서와 부지런하고 검소함은 집안을 일으키는 근본이다.

충신자상하고 온량공검하라.
인지덕행은 겸양위상이니라.

忠信慈祥(하고)
溫良恭儉(하라.)
人之德行(은)
謙讓爲上(이니라.)

충실하고 신용 있고 자상하며 온순하고 어질고 공손하고
검소하게 하라. 사람의 덕행은 겸손과 사양이 제일이다.

막담타단하고 미시기장하라.
기소불욕을 물시어인하라.
적선지가는 필유여경이요
불선지가는 필유여앙이니라.

莫談他短(하고) 靡恃己長(하라.)
己所不欲(을) 勿施於人(하라.)
積善之家(는) 必有餘慶(이요)
不善之家(는) 必有餘殃(이니라.)

다른 사람의 단점을 말하지 말고 자기의 장점을 믿지 말라. 자기가 하기 싫은 일을 남에게 하도록 말라. 선행을 쌓은 집안은 반드시 뒤에 경사가 있고, 불선을 쌓은 집안은 반드시 뒤에 재앙이 있다.